Curiosité

Lech Balcerzak

C'est FANTA-STIQUE! La série éducative
Idée, texte et illustrations par: Lech Balcerzak
Les autres images de: www.pixabay.com

© 2018 Lech Balcerzak
Tous droits réservés.
Aucune partie de ce livre ne peut être reproduite, stockée, ou transmise
par quelque procédé que ce soit sans l'autorisation écrite de l'auteur.

Please, contact me in English or French

Contactez-moi en anglais ou en français SVP:

https://twitter.com/LeshekAboutLife

https://www.instagram.com/lechbalcerzak

Classic Beauty / Beauté classique

Artwork by / Œuvre par:

Friendship / Amitié

Artwork by / Œuvre par :

Horses / Chevaux

Artwork by

Incredible Flower / Fleur incroyable

Artwork by / Œuvre par:

Spring Bird / L'oiseau du printemps

Artwork by / Œuvre par:

Retro Cooking / Cuisine rétro

Artwork by / Œuvre par:

My New York / Mon New York

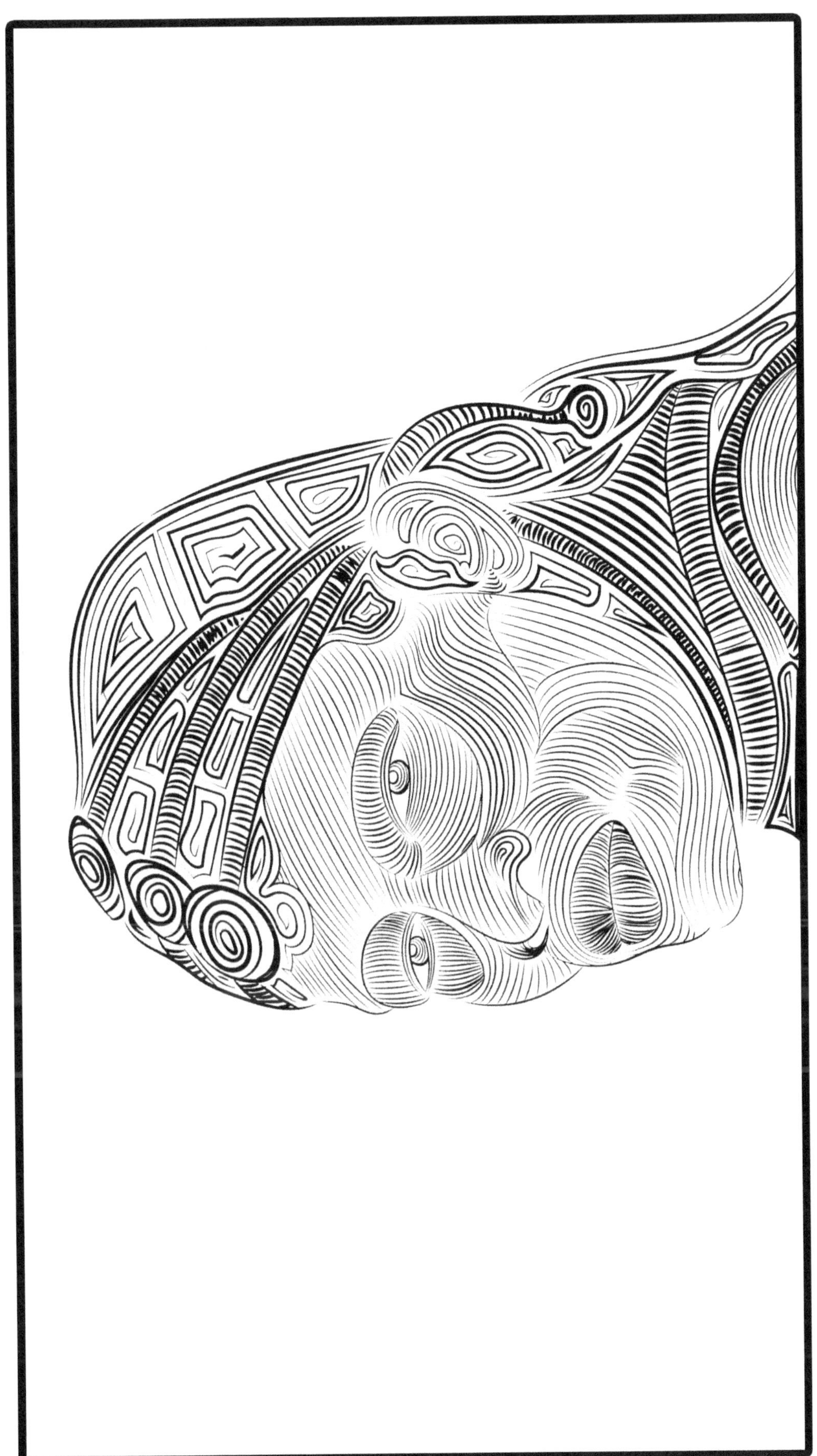

Maasaï / Massaï

Artwork by / Œuvre par

Something Like Happiness / Quelque chose comme le bonheur

Artwork by McEwen pat.

Alice Red as a Dancer
Alice Red en tant que danseuse

Artwork by / Œuvre par

Autumn, Trees. / L'automne. Les arbres

Artwork by / l'Œuvre par:

Flowers in Village / Fleurs dans le village

Artwork by / L'Œuvre par

Colorado Rocky Mountains / Les montagnes Rocheuses

Artwork by / Œuvre par

Only Healthy Food for Us / Seulement de la nourriture saine pour nous

Artwork by / l'Œuvre par

Rainbow Dog / Chien arc-en-ciel.

Artwork by / Œuvre par:

Yellow Valley with a Double Rainbow / Vallée jaune avec un double arc-en-ciel

Azumino Park. Alps. Spring. / Parc Azumino, Alpes. Le printemps.

Artwork by / Œuvre par:

919 · Heinrich der Finkler · 936
936 · Otto der Grosse · 973
Otto 936

Artwork by / l'Œuvre par

Autumn Girl / La fille de printemps

Artwork by l'Œuvre par

Winter Mood / Humeur hivernale

Somewhere in Wonderland (2) / Quelque part au pays des merveilles (2)

Artwork by / Œuvre par.

Nothing but Caverdine / Rien excepté d'une Caverdine

Artwork by / Œuvre par:

Blossom Fantasy / Fantaisie de fleur

Artwork by l'Œuvre par.

A Tree in The City / Un arbre dans la ville

Sandcastle / *Le château de sable*

Artwork by / Œuvre par

Prague

One Day in Paris / Un jour à Paris

Artwork by / Œuvre par:

White Dream Un rêve blanc

Artwork by / Œuvre par

Unreal Christmas / Noël irréel

Artwork by / l'Œuvre par

What is it? / Qu'est-ce que c'est?

Artwork by J.A.Grove

Just a Life / Juste une vie

Artwork by / Œuvre par

The True Love / L'amour vrai

Artwork by Vecteezy.com

Maybe Here? / Peut-être ici?

Artwork by / Œuvre par:

À suivre...

Arrive bientôt: „La France en images"

(Deux livres):

1. Un album photo imprimé en couleur
2. Un livre de coloriage imprimé en noir et blanc

Version française et anglaise

www.ingramcontent.com/pod-product-compliance
Lightning Source LLC
Chambersburg PA
CBHW080902260726

48660CB00009B/3413